LIANA FERRAZ

PEQUENO MANUAL DE COMO ME AMAR

Planeta

Revisão: Fernanda Guerriero Antunes e Elisa Martins
Projeto gráfico e diagramação: Camila Catto
Imagens de miolo: Liana Ferraz
Capa e ilustração de capa: Kalany Ballardin | Foresti Design

Dados Internacionais de Catalogação na Publicação (CIP)
Angélica Ilacqua CRB—8/7057

Ferraz, Liana
Pequeno manual de como me amar / Liana Ferraz. – São Paulo : Planeta do Brasil, 2025.
160 p.

ISBN 978-85-422-3317-9

1. Poesia brasileira I. Título

25-0680 CDD B869.1

Índice para catálogo sistemático:
1. Poesia brasileira

MISTO
Papel | Apoiando o manejo florestal responsável
FSC® C112738
www.fsc.org

Ao escolher este livro, você está apoiando o manejo responsável das florestas do mundo

2025
Todos os direitos desta edição reservados à
Editora Planeta do Brasil Ltda.
Rua Bela Cintra, 986, 4º andar – Consolação
São Paulo – SP – 01415-002
www.planetadelivros.com.br
faleconosco@editoraplaneta.com.br

Acreditamos nos livros

Este livro foi composto em Capitolina e impresso pela Lis Gráfica para a Editora Planeta do Brasil em junho de 2025.

Agradecimentos

À família e à familinha.
(Lorena, não consigo não escrever seu nome aqui, meu amor.)
Aos amigos que insistem em me amar.
À Agência Riff, Lúcia, Eugênia e Julia, farol na caminhada.
À Editora Planeta, que recebe meus textos com tanto cuidado e carinho.
Aos livreiros e livreiras que indicam meu nome quando alguém pede sugestão de livros.
A você que ouviu meus segredos.
A você que me lê e dá sentido ao trabalho para o qual entrego meu tempo e minha força vital.

Amei-te e por te amar
Só a ti eu não via...

(Fernando Pessoa)

[eu sou]

sinto vergonha quando chamam meu nome
em voz alta.
acho que ainda não me acostumei com esse
negócio de ser eu.
alguém chama.
um balcão, uma sala, de espera, uma
formatura.
ouço e sinto uma responsabilidade imensa
de dar conta dessas letras que formam meu
nome.
eu levo as palavras muito a sério.
eu fico envergonhada quando sou palavra.
é como um espelho, sabe?
como um jeito de virar coisa contornada.
quando não sou chamada, lido com meu olhar
dentro fora com meus pés e meu topo da
cabeça lido com essa impressão difusa que
tenho de mim esse olhar de dentro que é
sempre uma parte ou outra.

minha imagem é sempre pedaço ou invertida.
aí chamam meu nome.
eu tenho que recolher os pedaços todos e dar
conta de ser
essa palavra.

>>

e logo que assumo e caminho decidida e ando
com ares de
sim, essa sou eu,
já vem uma dúvida.

sou eu?
sou eu isso?
sou eu esse nome?
e já vem uma vergonha de ser tão pouco e tão
curta e tão cadastro e tão número e tão letra.

eu sou só isso?
cheguei no balcão e preciso renovar a
documentação.

com licença, amigos, é preciso foto e é preciso
que jurem juradinho que essa sou eu.
se eu só disser por aí meu nome não
acreditam.

não os julgo.

mal acredito eu.

– senhora?
– desculpa, moça, tava aqui escrevendo. eu sou
escritora,
sabe?
– aham.

a arte é a mais inútil
das coisas imprescindíveis

alguns segredos
de tão bem escondidos
estão escritos na testa

aproxima-se
consegue ver?
aquela letra miúda
na cara
debaixo da primeira pele
aquela letra miúda que sempre esteve
aquela letra perfurando a noite e o sono

aquele segredo escondido na criptografia
percebe?
meu amor, eram apenas letras
você que não sabia ler.

[segredos e conversas sussurradas]

venho contar dos rabiscos e dos bilhetes que
moram no meu peito, nos meus sonhos e
nos meus medos

eu quero pegar você pela mão e mostrar:

olha aqui o que acontece quando estou sozinha
e flerto perigosamente com a tristeza.

você vai ver o que tenho escondido tanto por
achar tão bobo tão bobo bobo demais sentir-
-me assim tão

sozinha

sou sozinha e só sei falar de amor
só sei falar de amor e solidão

sinto que deveria me mudar para uma
metrópole e caminhar no asfalto, errante,
catártica
mas acontece sempre de ser na gaveta da
cômoda pesada a descoberta da poesia.

estou sempre sozinha quando me aparece a
palavra
e aí eu fico ainda mais sozinha, pois a palavra
exige de mim uma ausência.

>>

é pequeno o espaço deste cômodo
mas, porque escrevo, não é nele que estou
estou no meio de um campo imenso

nada ao redor.
nada ecoa.
só os segredos.

[o rosto que escorre do rosto]

fotografo minha face mais luminosa

é dela que visto-me

flash

mas eu quero escrever uma palavra
sussurrada, nascida da sombra como
florzinha miúda que chamam de mato

este texto é para ler baixinho
escrevi escondida na cabana que fiz na sala
este texto é segredo
e agora somos cúmplices, eu e você, da
penumbra e do silêncio

presta atenção:
a primeira coisa que quero contar bem
baixinho
é que sinto escorrer da minha cara uma pessoa
todinha ao fim do dia
ou quando me olho mais demorado no espelho

quando estou escorrida, penso ser
completamente desinteressante. mas intuo
(alguns pensamentos moram no fundo do mar
e a eles chamamos intuição)

>>

>>

que, escorrida, tenho a coisa mais linda que eu
posso ser e mostrar para alguém.

não quero ser poeta da melancolia
mas, se tiver sido esse o meu dia,
posso contar?

posso enfeitar meu jardim com ervas daninhas?
posso enfeitar seu jardim com ervas daninhas?

[pulso]

sei que estou nascendo
mas nascer e morrer são tão irmãos
que é natural
que eu me confunda.

[ao mar]

para as mulheres, escrevo
para quem é mulher
para o que há de mulher em você que não é

espero, com isso, não excluir ninguém
pois, se não reconhece em você o que grita de
   feminino, já está excluído
de toda e qualquer poesia que possa fazer

lanço sinais
ao mar, náufraga e marinheira,
são mapas e S.O.S. meus textinhos molhados e
se não encontrar do outro lado do oceano
   uma alma feminina, não serei decifrada nem
   resgatada nem encontraremos o tesouro.

eu e você

(sussurro agora: tenho medo das palavras
   que escrevi, mas estou focada, estou
   violentamente focada a dizer o que preciso.)

[corpo cativeiro]

estou presa num quadradinho
as paredes são imensas
o lugar pequenininho
hoje é um dos dias em que eu queria ter
nascido homem
para escrever em paz
enquanto o mundo em volta se resolve.

[tectônica]

a lava explodida no vulcão
já existia escondida no silêncio

a surpresa é um privilégio dos desatentos.

a gente não tira nada da vida
à vida, a gente se dá

eu não me basto
eu me gasto
aos seus olhos
pedra preciosa lapidada pelo amor
a ssim
a mim
me gosto

[as outras]

poucas coisas cansam tanto quanto tentar ser
qualquer coisa fixa.

é uma energia imensa que a gente gasta não
deixando emergir as outras tantas. sufoco no peito
aquela outra que quer sair e acordar do outro lado
do mundo, para poder cumprir a rotina desta e
fazer arroz, feijão, dinheiro, casa e cama.

guardadas bem dentro de mim, essas outras
têm vindo mais pra perto e mais e mais e
mais e agora começaram a escorrer pela pele.
começaram a passear líquidas pelo meu corpo.

contei que são águas as outras que escondo
dentro de mim?
líquidas. arredias. incontinentes.

rapidamente, precisei recolher o fluxo e ser, de
novo, arroz feijão dinheiro casa cama.

tola!

e mais que elas escorreram! seres úmidos,
aquáticas, multiplicadas! esparramam-se e
agora têm pernas, essas mulheres todas em
mim. agora correm e saltam e se deixam
caminhar! deixam-se tocar! dedos na

correnteza! perfuradas, contaminadas pelo
que há de terreno e tão tão sólido. áspero!
fadas e sereias, as outras, inofensivas e tolas,
recém-nascidas no mundo que eu já habito
há tanto tempo e nele sou
arroz-feijão-dinheiro-casa-cama.

silêncio! eu estava começando a me organizar!
sumam vocês todas! sumam!

recolhi todas. fechei numa gaveta. uma chave.
três giros. coloquei-as para dormir junto
com as bonecas. aquelas bonecas que eu
fazia existir como mocinhas bonitinhas, mas
que, secretamente, no quarto, secretamente,
dançavam nuas guiadas por minhas mãos
trêmulas.

tola!

na gaveta, humanas e insubordinadas, mais
que elas se reproduziram.
as outras. partenogênese. cópias idênticas
infinitas.
tremor!
e mais que elas fugiram, essas tantas.
e mais que elas formaram ilha e jogaram
cartas e bilhetes e pedidos de socorro.

>>

encontrei.
estou segurando um papel agora.
achei as cartas que eu mesma enviei.
eu mesma enviei, presa numa ilha que eu
  mesma inventei.

a ilha não existe.
as bonecas eu perdi.
as mulheres que sou estão soltas e resolveram
  dançar nuas à luz do dia.
sem esconderijo.

sou uma criança e brinco de bonecas nuas no
  quarto. mas era segredo.
espio.
espia!
finalmente é maré de destrancar a gaveta do
  desejo.
entendi!

finalmente, posso dormir.
mas já não quero.

[borda]

na borda

entre a terra e o rio
entre um país e outro

fronteiriça

estou na borda da piscina com os dois pés na água lembrando-me do mesmo dia do mesmo corpo e da mesma luz daquele outro momento em que estava feliz.

fiquei pensando sobre a felicidade como uma faísca
e odiei todos os livros e frases e músicas e cenas de filmes que me fizeram acreditar que eu poderia convocar a minha felicidade ou meu instante feliz sempre que quisesse.

essa faísca é indomável e eu não tenho controle sobre ela.
pois estou aqui com o mesmo corpo e com a mesma luz na piscina e com os mesmos ingredientes do dia feliz de outrora.

(outrora é uma palavra bonita)

estou na borda e estar na borda é equilibrar-se entre.

>>

mas sabe o que esvazia o peito, coração?
eu não sei entre o que estou me equilibrando.

se entre o rio e a margem
se entre a queda e ascensão
se entre você e outro alguém
se entre passado e futuro
se entre o desejo e o gozo

estou na borda e tenho o pensamento afiado
e trago palavras bonitas e nenhum deles
pode nomear a sensação de saber-se entre
territórios-ar.

estou alimentando, a conta-gotas, uma flor
murcha no meu corpo.
e, nesse entre, a única coisa que posso fazer é
seguir trazendo a água.
porque vi que é dessa flor que nascerá
qualquer resposta.
ou melhor, não da flor, mas do cuidado com a
flor, do anseio para que ela não morra.
a flor é um pretexto para o cuidado
é do cuidado que brota beleza

na borda, quase equilibrada, pensando em
palavras bonitas, as mãos na água desenham
um coração que não dura nem um segundo,

 >>

>>

mas existe. existe mais que a palavra. existe
mais que outrora.

(desenho corações porque só sei desenhar
coisas de criança)

na borda, ensaio um movimento. devo entrar,
eu sei. testo os limites.

recolho.

hoje não consigo.

[texto de um acidente]

... e você vai perceber que as palavras ocupam
tudo tudo e invadem seus sonhos olhos
poros pele corpo todo

... e você vai amar escrevendo e escrever
amando chorando sofrendo gozando
reclamando lambendo

... e você vai rabiscar a cara a camisa o papel o
vidro embaçado a parede e o papel da nota
fiscal

... e você vai acordar e dizer: daqui pra frente
sou escritora.

e, mesmo assim, vai duvidar da profissão que
escolheu por nem saber se ela existe e, se
existe, sem saber se é digna dela.

e dignidade é uma palavra linda que virou
tosca por parecer uma pessoa de gravata e
feição séria vendendo alguma coisa.

dignidade é outra coisa.

sou digna então, porque sou obscenamente
decidida a trocar a vida pelo verso.

>>

sou digna, pois me aceito verso. curta.
incompleta. titubeio de medo, mas mesmo
assim estou aqui. e você me lê.

(você me lê?)

[ocular]

estou sempre aqui.
testemunha inevitável dos meus crimes e das
minhas delícias.

testemunha ocular, sensorial, sinestésica.

sinto a cor do seu cheiro. sei o gosto dos seus
olhos. sei porque estive lá e ter estado lá faz
de mim testemunha e culpada e absolvida.

eu gostaria de lamber suas órbitas.
é esse o tamanho da minha fome.

deixar-se tocar é o movimento da coragem.
não se pode ter vergonha de ter coragem.
deixei-me tocar. celebremos!

criminosa e fugitiva.
presa, eu sinto o futuro pelo toque.
por onde caminham meus dedos enquanto
espero a liberdade?

arrebentar correntes faz da gente um perigo.
e agora não sei se carrego no peito as placas
de: não entre, entre com cuidado ou frágil.

talvez todas.
mas você é desobediente, amor, eu sei.
pode ultrapassar, eu sei.

[nada na natureza é liso]

ah, meu amor, quando foi que a gente se apaixonou pelo plástico, pela textura nada, pelo pedaço recorte escorregadio e sem curva de fazer tremer a caminhada?

eu tenho recusado a garrafa PET. tenho recusado o tetra pak e espero envelhecer sem estragar e sem pasteurizar a vida. será que eu consigo?

eu, que me recuso a ser plástico, reconheço que meu cansaço e meu tempo têm cavado buracos nos meus olhos e pequenas linhas de afundar cada vez mais quando sorrio grandemente.

eu olho para o meu rosto e vejo a criança só na pupila. vejo que fui nos restinhos. estou virando outra. ao contrário. sinto que estou virando lagarta. e que meu casulo é virado no avesso. ao invés de sair voando em asas finas como películas, acho que vou aprender a me esparramar no chão como quem vasculha o solo em busca da semente.

eu gosto das texturas. das árvores e das minhas. nem sempre. mas, quando eu gosto,

>>

vem um gostar de uma força muito mais
verdadeira do que aquela que quer ser lisa.

eu tenho aprendido meu caminho pelo tato.
estaria perdida se não houvesse pistas e
migalhas e marcas por todo meu corpo.
imagino suas mãos agora percorrendo comigo
a trilha. desvendando comigo a arquitetura
das miudezas.

existe ninho para lagartas aconchegadas no
não voar?
posso descansar sem embalagem?

[presa]

de todos os animais que já cruzaram meu
caminho, por que faço dos que me feriram os
inesquecíveis?

que tipo de mecanismo elaborado, sofisticado
como máquina de última geração, atravessa
meu corpo como uma sentinela de captura
da dor?

por que intensifico os afetos toda vez que sou
abandonada?

por que carrego como medalhas as minhas
feridas e cicatrizes?

por que adormeço aflita em busca de viver de
novo o corte?

por que, ao invés de me recolher e lamber
minhas feridas, coloco-me de novo à
distância viável do predador?

de onde vem esse impulso de me curar me
oferecendo em sacrifício a deuses que me
odeiam?

[liberdade indigesta]

a liberdade é um prato saboroso quando se lê
no menu.
a boca saliva, prepara a mordida, lambe os
dentes na espera.
uma liberdade, por favor.

ao chegar à mesa, vejo porção menor do que a
prometida, mais fria e insossa.
e a pergunta:

– é daqui esse pedido?

– sim, fui eu quem pediu.

disforme, escorregadia, áspera, a liberdade
não mata a fome.
a liberdade alimenta a fome. o depois da
liberdade é o vazio de estômago novo.
feito furado.

provando aos bocados, na medida da boca
cheia, engulo.
caminho cheia de vazios, de salas pelo meu
corpo, de sofás inabitados, quartos e salões
todos meus.

estou pequena para tanto mundo. estou
acuada e com medo.

>>

>>

a liberdade, senhoras e senhores, estende um tapete vermelho em direção a uma rotatória. você dá a volta. volta. e volta. a liberdade é um movimento.

pelo caminho, pessoas felizes abrem portas. o amor! love e corações. o par ideal. a alma gêmea. acho que vi um violino!
pelo caminho, os desvios levam a um banco em que eu já me sentei tantas vezes e que tantas vezes recusei. e tantas vezes voltei. e recusei. exausta.

você lembra que estou com medo? pequena para tanto mundo. com vazios e pontas e um estômago furado?

estou tão cansada que tenho vontade de ceder. de me sentar e descansar.

de tão cansada queria receber o convite: venha sentar-se aqui que eu lhe darei o mundo e você não precisará mais procurar tanto por tanto sentido.

o outro: essa esperança insistente e insuportável.

>>

mas agora estou com os campos abertos e
os órgãos de digerir liberdades. não posso
descansar na mentira.

imagina o terror de encher de entulho todos os
cômodos de uma casa nova?

[não sou sua, mas quando sou, sou inteira]

e se você tiver esse gostinho, esse pedacinho
todo esse pequeno infinito, aproveita, amor,
que eu sei chegar, mas sei partir.

que eu apaixono e desapaixono com
velocidades vertiginosas.

que eu olho pra lua cheia e saio pedindo beijos
e encaixes.

que eu gosto de andar solta por aí, mas...

quando eu estou...
(ah, quando eu estou...)
só sei dos incêndios e
deixo queimar.

[espelho em pedaços]

miro com nitidez seus olhos.

vejo você me usar como espelho:

se eu digo sim, você se reflete forte, invencível,
intocável e pode partir de novo.
se eu digo não, você me persegue, me cerca,
me chama, me implora para que eu volte
para que eu abra de novo minha pupila,
meu corpo, meu coração até iluminar o sim
que tanto espera, o espelho filtrado, a sua
afirmação, sua dose de juventude e certeza.

eu digo o sim de novo, aberta e corajosa, digo o
sim de novo, uma porta aberta no peito.

você olha no fundo dos meus olhos, nutre-se
do que sou e... parte.

sou espelho, amor, alimento para um ego frágil
demais para se entregar.
seu ego sádico, vampiro.

quebrei-me para estilhaçar o espelho.
agora estou me curando.
você bate à porta.
já não abro.
estou partida.

quando tudo já foi dito,
é hora de não temer o silêncio

[parquinho]

você é uma brincadeira perigosa
e divertida
e perigosa

se ainda fosse tempo de bronca,
ficaria de castigo de tanto que me arrisco ao
balançar com você
tão alto

não passa na frente do balanço, menina!

não, mãe, eu que sou o balanço. olha! olha
como subo com joelhos ralados e peito
machucado.

de novo.
... de novo.
de novo!

(percebe o balanço das palavras? você não
viu nada. espere até ver como me balanço
no alto-mar com um bote improvisado!
ou enganchada no seu corpo contando da
turbulência! aqui não corro perigo algum)

mas eu estava falando de você,
que é uma brincadeira perigosa.
bom, você nem existe.

>>

você é meu amigo imaginário.
que está aqui brincando comigo de acender
pequenos incêndios em áreas proibidas.
gosto que seja assim, invisível.
sou ruim com realidades.
prefiro a invenção compartilhada.

sonha comigo perigosamente
inventa que corre risco
que sou mesmo essa coisa irresistível

estou agora nadando nua nos seus sonhos
enquanto escrevo de moletom bordô tomando
café morno.

[sussurro]

meu desejo brinca comigo. vem, me provoca,
atiça, devora meu tempo e minha carne.

assim que satisfeito, renasce como uma
fera mitológica, dessas de novas cabeças
nascidas daquela decapitada.

agora são muitos os desejos sussurrando,
convidando.

não consigo escolher o que querer.

então, não escolho, deixo vir o amanhã e
descanso.
deite-se aqui ao meu lado.
dormir com o monstro é menos perigoso do
que mantê-lo embaixo da cama.

[vem]

abrir a lata de cartas e ter cartas dentro.
palavras em estado bruto, de papel, caneta e
resto de calor das mãos.

e olhar os selos, os pacotes e os pactos
manuscritos. assinados por alguém que se
desloca à letra, ao envelope. alguém que
lambe o envelope, que vai ao correio e que
lança certeiro, carteiro, uma flecha que
vai chegar.

imagino o dia em que, na lata das cartas,
estará aquela com seu nome no remetente.

na mensagem, por favor, escreva legível seu
endereço e a palavra VEM, que é para eu
saber a hora de pegar a rua, a sua, e devolver
a carta lambida num beijo sem pacto nem
pacote nem receio.

[a verdade é que eu não sei o que fazer com você]

ao amor que me lê, um recado: é confuso
ocupar meu espaço.

eu não organizo as coisas em caixas e não
passo rodinho na pia da cozinha toda vez
que lavo a louça.

meu caminho no corredor, do quarto à sala,
pode durar duas horas de travessia, pois
posso ter encontrado no caminho um
espelho em estado de interrogação.

posso ter tropeçado numa peça de roupa que
esqueci de recolher. posso ter levado ao rosto
essa peça de roupa e posso ter me perdido
no cheiro.

veja, amor, todas essas pequenas atrações,
portais para acontecimentos, estão aqui
no espaço vazio, no meu passo só, no meu
mundo habitado todinho por caminhos.

ao arrumar a cama, deito-me por alguns
minutos. e nem sempre arrumo a cama
depois de me deitar, pois pode acontecer de
o teto fazer desenho com a luz da janela e

>>

>>

eu ler no desenho um rabisco convidando para o café.

fico pendurada na varanda, achando poesia, catando sol e inventando catástrofes. isso tudo, amor, sem que me tenham dado nenhum fio de acontecimento.

aconteceu você agora.
hoje mesmo, pela manhã, ao acordar, aconteceu seu abraço leve, seu toque. e agora você ocupa esse terreno já tão cheio de buracos e lombadas e trincheiras e fachadas.
só que eu ainda não sei onde organizar você.

não consigo saber se cabe melhor no corredor de espelhos ou na varanda do sol.

encontrei sem querer você no gole de café, ocupando desobedientemente a minha sede. desafoguei para não engolir no susto. coloquei você no pires, ali ao lado, onde ficaria a colher se eu usasse colher, e vim correndo escrever este texto e espero que me perdoe por ter deixado você tão sozinho na mesa.

tenho a esperança de que alguém venha lhe recolher e de que possa dar conta dessa presença pontuda. que alguém recolha você

>>

>>

da mesa e coloque numa gavetinha perto
da panelinha de fondue ou das taças de
champanhe ou da colher de sorvete, que é
para que eu encontre só às vezes seus olhos,
pois, amor, eu ainda não sei guardar você.

[dentro]

se meu corpo é território infinito,
preciso cuidar também do que me é invisível.

fala comigo devagar
que é para dissolver o medo

meu coração tem carência
de inundações
gota a gota

minha bagunça está cheia
de coisas que não quero
nem perder
nem usar

[gasolina a 5,27]

amor, eu queria que você me fotografasse
sempre
queria que não suportasse meus olhos, meu
jeitinho de olhar para os lados.
queria que não coubesse em você o amor e
você precisasse colocar num retrato pra
desaguar um pouco tanto tanto tanto

você riu
não era pra rir
(talvez eu escreva demais roteiros para nós)
era pra dizer:
tudo bem, eu fotografo você distraída porque
a luz do sol bateu amarela no canto da sala
com você lendo um livro de capa vermelha
e é insuportável segurar tanta beleza no
mundo só pra mim.

mas você riu

eu fiquei quieta

eu decidi entrar no carro.
você abriu a porta.
você e suas gentilezas antigas e genéricas
você faz isso para todas as pessoas e
o que é só meu?

>>

o que é só meu? – eu pergunto

nos seus olhos leio “tá doida?”

continuamos em silêncio
um farol vermelho outro verde
os faróis dos carros na direção oposta
deve ser bonito fazer um filme

deve ser bonito fazer um filme – eu digo.

você se incomoda com abstrações
eu não sei mais como puxar para perto um
  assunto

(a gasolina está 5,27)

a gasolina baixou – eu digo

o farol é vermelho e não sei se o som da minha
  voz ou a minha boca se mexendo
(você ama minha boca)
faz você vir até mim e me beijar
e eu
por milagre ou exaustão
permito o beijo e a gente se resolve no
  vermelho do proibido avançar

(nada disso aconteceu, amor, sou só eu
  sonhando com a gente enquanto estamos

>>

>>

sentados, cada um num canto do sofá,
esperando acabar mais um dia. você parece
concentrado demais em alguma coisa que
não sou eu.)

[passos]

passeie delicado por mim

que eu sou chão-película-pétala machucada
facilmente

que eu fotografo as promessas

que hoje eu quero calor sem me queimar tanto

que seus pés me percorrem e me põem para
dormir.

cafuné:

confiar que a mão de alguém
sabe não ferir

[invento você aqui]

no cheirinho que coloco no travesseiro
no café que sai à tarde
no tomar cuidado ao descascar a fruta
no assoprar o machucado

invento você aqui

e sinto voltar a casa os quartos o quintal
e sinto você sentada na minha cama
contando e ouvindo histórias.

invento você aqui

como um colo quente ou
medindo a testa quente e dizendo quente
descansa ou
servindo quente o carinho-alimento ou
(infinito não possível de codificar)

trago você para perto
trago você para peito
trago você para dentro

(minhas mãos agora dançam um gesto clichê e
arrecado coisas do ar pra dentro do coração)

meu pedacinho de casa,
celebro, pois existe em mim.
sou um pedacinho da sua casa,
celebro, pois existo em você.

[eu estou aqui]

de lua atravessada no céu, da lua maré
movimento em ondas e transbordamentos.

de dançar o fio invisível e invencível do tempo,
na corda bamba, bomba no peito.

de pertencer mais ao céu do que a alguém.

e mais a mim do que ao céu.

sou de lua cheia de quartos minguando e
crescente, nova porque há de nascer sempre
nova fase.

a natureza se revela em mim, pois sou
natureza.

dos meus olhos, amor, um satélite lança sinais
ao corpo:

respira. você está aqui.

[equívoco]

procuro minha casa em cidades erradas

aí caminho demais e me canso

entro, então, em qualquer lugar

exausta de procurar,
habito cômodos-equívocos
e os chamo de lar.

[desvio]

não sou devidamente domesticada.
e isso é, ao mesmo tempo, meu terror e
minha força.

[travessia]

confio, pois
não pulsam em mim órgãos de desistência.

o atravessamento é, portanto, inevitável e
questão de tempo.

espero.
passará.

[inevitável]

não posso me curar da morte.
mas pretendo me curar do medo da morte.
é preciso que isso baste.

encontrei-me!

agora caminho abraçada comigo
que é para eu não partir de novo

o pensamento quer virar voz para fugir
da solidão.
a voz quer virar letra para fugir da morte.
escreve seus sonhos num papel qualquer
pela manhã
escreve
você vai ver depois de um tempo:
ou estará diante das mais belas bolhas
coloridas e flutuantes do inconsciente
ou das maiores tolices, lixinhos
desimportantes vestidos de relevância
narcísica

o melhor é que tanto faz
são só sonhos
a não ser que eu confesse cada um deles na
cama ou na mesa do café
a não ser que você os ouça com cuidado
e poesia
a não ser que você perceba cada pausa
e suspiro
aí, meu amor, não serão só sonhos. serão
algum tipo de chave.

desacorda-me um pouco?
quero amar como quem sonha...

sozinha

hoje você acordou bonita e está esperando ferver a água do café.
faz frio e você pisa com os pés descalços no chão da cozinha sem se incomodar. um moletom cinza, de capuz, cabelos num coque e óculos. você espera apoiando o pé direito na coxa esquerda, se equilibrando de forma estranhamente confortável. como uma garça.

enquanto a água ferve, você corta em rodelas uma banana e coloca aveia e canela. e sente falta de ter alguém testemunhando a vitória do preparo do prato cuidadoso e nutritivo ao invés do "qualquer coisa que tiver ali na frente mesmo".

sente falta do espelho-amor.
da fotografia demorada de quem ama.
de ser olhada sem pressa e reconhecida nos detalhes.

mas você está sozinha

e é nessa hora que precisa recolher suas forças e se lembrar de que estava sozinha antes, carente da fotografia demorada, mesmo quando ele estava em casa.

aromaterapia

estou agora inalando lavanda e bétula doce. bebi
água. ouvindo música relaxante. é abril, meu
clima preferido. estou com um projeto para
entregar. minha filha está na escola. a casa
abriga a mim com carinho. minha cachorra
dorme na caminha. meus pais estão vivos.
meus amigos acabaram de me perguntar se
estou bem. tenho dinheiro no banco. está
chegando um carnaval fora de hora.

mesmo assim, não paro de chorar.

por sorte, sei me enxergar de fora.
e me estudar nos pedacinhos. e, me
olhando de fora, vejo uma mulher
dependente de carinho, viciada por
aprovação e elogio, passando por sua
fase mais dolorida de abstinência.

sem placebo. sem adesivo. sem chicletes.

em algum lugar, do outro lado, há de nascer
alguém mais forte, menos precisada desse
colo infinito. essa mulher que eu serei, se tudo
der certo, é o que me faz levantar e seguir.
essa mulher que eu serei e esse desejo, também
infinito, de contar das coisas que sinto.

>>

>>

não dá pra escrever chorando. não se escreve
sofrendo muito. o sofrimento tem mais
de ausência, e palavra é a imposição da
presença.

por isso, escrevo.
para dar margem ao que sinto.
só há pontes se houver margens.

pedacinhos

você vai sentir seu corpo sem contorno
vai sentir escapando da pele
vai sentir seus olhos úmidos
vai sentir a garganta fechar um pouco
vai olhar as fotos daquela viagem e buscar a
  fórmula para sentir de novo aquilo
vai olhar para as suas próprias fotos e sentir
  que está menos apta à vida e ao amor

aí vai acontecer um sustinho de felicidade
e você vai transformar um pedacinho de
  madeira num navio

aí o navio não vai existir e você terá que voltar
  a nadar

falta fôlego

e, talvez, seja tudo uma questão de afinar o
  mar que existe ao mar que você fantasia.
e aceitar o pedacinho de madeira para
  atravessar não o oceano, mas o dia.

chegar do outro lado do dia exige obstinação.

me ensina a morrer?

vovó disse que estava planejando a morte.
era assim mesmo que dizia. eu mal tinha
colocado o café na boca e ela dizia: você sabe
que eu sempre gostei de me preparar, agora
estou me preparando para morrer.

meu desejo maior era dizer a ela que era
bobagem e que era cedo e que ela parasse de
falar nisso. engoli o café com amargo e, com
o egoísmo de não querer perder vovó indo e
vindo no esôfago, disse:

que bom, vó. acho que é importante mesmo.

o café seguiu sem planejamentos. seguiu com
minha avó andando nas ruazinhas do passado.

eu estava longe. no futuro. pensava se teria
essa lucidez, essa calma quando chegasse
a minha vez na fila. pensava que não.
eu fui criada para me sentir especial. especial
demais para morrer. escondida, rezava para
que deus não me morresse nunca.

vovó foi criada para não se sentir especial.
foi criada para se sentir mais uma. mais uma
pessoa no mundo. para ser íntegra, honesta
e trabalhadora. para ser mãe e casada para

>>

sempre. para ser cada idade com sua roupa e
corte de cabelo. e para sempre ter guardado
algum dinheirinho e uma camisola
de hospital.

sinto que vivo mais livre que vovó, mas assim
que ela me disse isso pensei que minha
liberdade se equilibra na ponta da agulha
da vitrola. minha liberdade é um risco.
um atrito entre duas coisas que faz música.
liberdade deve ser saber morrer. vovó jamais
gastaria dinheiro com discos raros.

quando crescer, espero saber virar terra e
pedra. espero saber pensar nisso sem tremer
a pálpebra, sem arder o fundo dos olhos.

quando vovó morrer, espero saber que ela
estava pronta e que não fui eu a tocar-lhe
músicas de desviar do caminho.

quero ficar grávida para descansar

quando penso na barriga e nos pés inchados,
penso que poderia finalmente descansar.
entenderíamos, todos e eu, que estou cuidando
da outra que mora agora em mim. eu poderia
me sentar e fechar os olhos sem a culpa de
ser improdutiva e não estar agora mesmo
arranjando maneiras de ser um sucesso.

não sei cuidar de mim. eu preciso que me
cuidem. eu sei cuidar de você. então, se você
morar em mim, eu me cuido.

eu percebi isso num dia em que estava
acariciando a minha barriga sem bebê.

percebi que estava em busca dos olhos da
compaixão de alguém que diria: descanse
descanse descanse. ou que dissesse: durma,
que o mundo sabe girar sozinho e você
não precisa garantir nem o sol nem o
pulmão. durma.

eu estava doente. doença que não dava pra
ver e que não gerava olhos de compaixão.
comecei a ver olhos de descaso. os meus
olhos dentro sempre foram olhos de criança.
não se deixa uma criança sem colo. cresci

>>

e criei essa carcaça frágil e cheia de cortes. mas sabia que lá dentro tem uma criança na primeira aula de ballet sem conseguir acompanhar os passos? tem, sim. uma criança que tem as sapatilhas apertadas e que desde muito pequena sempre quis ser a outra pessoa para a qual a vida parecia mais fácil de ser vivida dentro.

a minha vida fora é ótima. sempre foi (quase sempre). mas eu tenho uma melancolia insuportável e cheia de pontas. ela sabe nascer braços e tentáculos novos a cada vez que eu rompo um nervo e paro de sentir.

eu estava doente e queria ficar grávida para aprender a cuidar de mim. para que alguém me desse a mão porque eu estava realmente caindo. para que alguém me servisse um chá quando minha garganta começasse a fechar de medo. alguém que não me perguntasse mas o que é que você tem e viesse cuidar de mim sem desdizer a minha dor ou a minha solidão. sem tentar me convencer de que eu sou inteligente demais para ficar triste.

não engravidei. continuei doente.

num dia tive uma conjuntivite.

>>

>>

fiquei sem conseguir abrir o olho por um
dia inteiro.

deitada, consegui chorar.

quando consegui chorar, consegui falar.

eu sou uma pessoa simpática e bem-
-humorada: meus muros pontiagudos com
letras imensas dizendo NÃO ENTRE.
não estava nem simpática nem bem-humorada
naquele dia. deixei a bailarina falar por mim.

a você eu disse: não consigo.
a outra pessoa que amo eu disse: não consigo.
a mais uma: não consigo.

a verdade é que ninguém me ajudou nesse
momento.

me indicaram um caminho achando que eu
tinha pernas para caminhar até lá.
não tinha.
arrastada deu certo e eu cheguei.

isso foi depois dos meus olhos gritarem
comigo.
vermelhos e lacrimejantes
a bailarina deve ter perdido o tempo
e veio bater na porta da pupila

>>

encontrou uma mulher sem dança
seu grito explodiu o branco em rios
  minúsculos e vermelhos

estou grávida da bailarina.
ela nasce quando choro sem esconderijo.

a mulher que anoitece ao meio-dia

estou deitada com a testa no teclado do computador. fui assolada por alguma banalidade. acho que foi o fato de que queimou o pãozinho congelado. os acontecimentos levianos disparam em mim desejos raivosos e destrutivos. tenho sentido o desejo de não quebrar meus móveis dentro. quebro os pratos dentro e tenho que conviver com os cacos.

acordo achando que vai ser um novo dia, mas o dia já acorda velho demais para ser novo. essa pontinha de felicidade que não vinga é um espacinho azul no céu chuvoso quando a gente conta com um dia de sol.

sinto-me incapaz da escrita, da arte e da competência. insisto para ver se sou salva pela palavra. nada.

acabei de gritar com alguém. esse alguém que vinha me dar carinho.

este texto registra o quanto posso ser medíocre e injusta. eu não suporto mais me amar. quero deitar numa mesa de cirurgia e abrir, eu mesma, minhas entranhas. quero deitar-me na mesa e anestesiar-me. assim, cortando

>>

lenta a minha pele, sair em busca do metal. deve haver algum metal. algum muro frio e brilhante que barra a água que sai da minha nascente e deveria desembocar lá num oceano percorrendo corpo todo. esse metal lixo pode ser ouro. não me importa. quero encontrá-lo e dissecá-lo e me acordar da anestesia com o metal na bandeja de metal, o som atrito do muro deitado. quero ver o metal como um dente arrancado. um dente de metal que nasceu numa travessa errada.

amar-me tem sido uma dor perene.

amar-me tem sido afiar as lâminas e guardá--las sob a pele para que se esconda o perigo.

eu quero a dissecação, a frieza, a cirurgia e o ponto.

quero que guie meus passos dentro, os manuais anatômicos dos cadáveres.

mas quero que só eu faça isso comigo. pode ser?

de você, desejo um veludo roçando minha pele. desejo uma espuma. de você, desejo a sopa e o vinho. de você, desejo a água morninha do banho. pode ser?

já casei com você, mas você nem sabe

uma vez, ao som de um trio de jazz, casamos
num terraço.

eu estava linda em estado de graça com vestido
curto, creme e uma trança nos cabelos longos.
você estava de bermuda e uma camisa de
manga curta. abriu seu sorriso como daquela
vez em que
enfeitamos com luzes amarelas e flores
brancas. couberam lá todos os nossos
amigos. nós bebemos nem pouco nem muito.
o suficiente para nos apaixonarmos de novo
pelos nossos defeitos. só por uma noite.

eu casei com você e passei a usar uma aliança
de ouro branco. uma aliança de ouro branco
e algumas tatuagens no meu braço. foi lindo
ter casado com você no terraço e mantido o
frescor de uma aliança fria.

(agora escrevo para lhe ferir. não casei no
terraço e desaprendi a ser alguém que sonha.)

aí tivemos uma lua de mel. e viajamos por um
tempo longo e percebemos que o amor não
reconhece o desconforto do hotel mais ou
menos que pudemos pagar. todos os dias,

>>

>>

fomos os últimos a chegar no café da manhã, mas ainda assim comemos quente. ainda assim comemos quentes.

depois do nosso casamento no terraço, deixei de amar você.

casei no terraço e não apareceu ninguém. o vestido não me serviu. torci o tornozelo. você bebeu demais e me disse imbecilidades agressivas. nós chegamos no hotel e brigamos até o dia amanhecer. perdemos a hora do café. viajamos três dias e matei todos os pernilongos enquanto você dormia dormia dormia dormia. voltamos mais cedo porque era aniversário da sua prima e você gosta de estar com a família.

nosso casamento no terraço não aconteceu. nosso casamento aconteceu ontem na varanda. mas você faltou, pois estava comendo amendoim no bar da esquina com o seu amigo do trabalho. no nosso casamento, você chegava com uma fruta gelada e me dava na boca e dizia seremos só nós dois hoje. eu morderia a fruta e você não limparia os dedos na toalhinha. você me leria uma carta e teria escolhido a música.

>>

teria escolhido o momento e a música e a fruta e o anel de quartzo rosa que caberia direitinho porque você me conhece tão bem tão bem tão bem. eu diria eu te amo. você diria eu te amo. estaríamos casados e amanhã você estaria de novo mordendo a fruta e escolhendo a música.

quando você chegou na varanda, eu tinha adormecido na cadeira. meu pescoço torto como uma galinha prestes a virar molho pardo. você tropeçou na porta e fez muito barulho. eu acordei. você disse vai deitar. eu disse já vou. você me trouxe um cobertor. fazia 34 °C. eu aceitei. você foi dormir fazendo o melhor que pode: amendoins, tropeços bêbados e um cobertor inadequado.

acordei suando na testa e nos seios. escorrendo.

escovando os dentes casei com você. de novo.

mas foi rápido demais. nem vale a pena.

nos separamos na manhã seguinte.

piano

ouço uma música e quero chorar
ou escrever ou caminhar nas teclas do piano
existe uma pulsação da natureza que se revela
como gotas de som em espaços presos de mim
eu carrego as janelas e as cortinas balançam
ao som da gravidade
tudo dança em mim no silêncio
parada deixo o planeta girar o tempo
estou no centro da dúvida e do medo
em algum lugar há um ponto final para a vida,
mas existir demora enquanto não acaba
escrever é meu jeito de me afinar no canto da
casa e dos sonhos todos
misturo as notas com as cores e com as letras
amanhã o dia será laranja e serei capaz de
beber o suco.
serei capaz de beber o suco?
sinto-me agora como quem toca essa música
que ouço. uma multidão me assiste. quando
viro meus olhos para o público, eles viraram
plantas. sem flores. ao centro, duas ou três
pessoas compõem o que há de humano
em meio à flora que parou para me ouvir
encontrar o centro da dor.

>>

>>

existir é uma tarefa imensa. tão imensa que não há espaço em mim a não ser que eu transborde por aí.

este texto é um plágio da música que estava ouvindo e que me tirou para dançar.

outra começa agora e ela me obriga a voltar para a cadeira giratória. não pelo piano ou violino, mas pelo saber do tempo que passei a procurar segredos de vida nos quadradinhos. voltei para a cadeira, mas não existo ainda nas planilhas. salto de uma tela a outra e as plantas continuam me olhando. são agora violetas. não cheiram, mas me fazem espirrar.

se eu disser que consigo sentir a penugem da folha passando pelo meu rosto agora, você acredita?

a palavra me faz companhia porque ela imprime tato e cheiro e criança.

a palavra vem escorrida na música que ouço e as planilhas agora estão sendo tomadas por um líquido que deveria ser violeta, mas é vermelho. eu gostaria tanto que fosse violeta, mas não é. os projetos nunca são maiores do que as coisas-seiva.

fim.

violetas enfeitam, mas não aplaudem.

vovó, me acende a vela que eu vou voar de avião

vovó sabe que voar um bicho grande no céu feito de coisas não penas nem pássaros é milagre de cérebros geniais que eu nem entendo como. é mistério de coisas que voam e saem do chão da terra que mal piso, mas que me sinto segura de estar ali pertinho. se voasse com a cabeça do que sonho quando escrevo ou imagino, estaria segura no teletransporte. como vovó entende porque cresceu descendo morro de terra lá na terra dela, onde o chão demorava mais de geração pra se asfaltar, vovó entende do enorme medo frio que dá a gente se deixar sair do chão e colocar a vida nas mãos da palma dos seres geniais que será que desciam os morros correndo pra fingir voo ou sentados em papelões, já munidos de tecnologia gostavam de escorregar nas certezas? vovó, acende vela pra mim que eu vou voar sem ser fechando o olho no morro correndo da sua terra de terra vermelha mesmo. vovó deixa vela acesa. fecha os olhos como quando corria no morro e pede pra neta ficar segura na mão do céu e dos outros.

– cheguei!
– graças a deus!

>>

>>

mamãe, torce por mim que eu tô nervosa.

mamãe sabe que sair da linha dos mapas cheios de muros dói. e que dá um medo danado. mamãe e eu até ficamos doentes disso às vezes. doentes de continuar dentro dos muros. quando eu subo um pouco num degrau e olho lá na frente, peço seu colo não para parar, mas para dar coragem. mamãe é ruim de reza e tem uma revolta bem bonitinha com isso. puxei dela também e faço pirraça no natal ao mentalizar outra oração a não ser aquela decorada. mamãe me ensinou a fazer pirraça nunca dizendo pra eu parar de fazer aquilo que era feio. nunca achei feio rezar vibrando a nuca. rezar engolindo o mundo e devolver uma coisa quase como um choque. eu rezo com a ponta dos pés como as árvores atingidas pelo raio. não sei rezar decorado. que não é decorado pra mim. decorado pra mim é um coração batendo sempre, mas todo dia novo sangue. as coisas que eu decoro saem do coração e se sentam na cabeça como quem espera lendo uma revista na consulta com o dentista.

não peço nem reza nem vela pra mamãe. peço torcida. que deve ser esse momento em que o desejo vibra na nuca dela e voa até mim

>>

>>

como um raio de nutrir minhas raízes que, de tão fortes, aprenderam a caminhar.

eu vou fazer aquilo. eu decidi.

mamãe suspira como se fosse ela. e é também.

– força, filha. você é maravilhosa. vou torcer por você.

– deu tudo certo, mãe!

– graças a deus!

me entreguem seus cristais e suas rezas. por favor, desejem e sonhem por mim. rezem por mim as rezas decoradas ou raios. e peçam para o anjo da guarda e para o amuleto na carteira. por favor, desejem que eu cresça com saúde e que deus me abençoe. cuidem da minha caminhada como quem carpe um terreno e ajuda a gente a caminhar sem furar os pés e sem ter que calçar nada. continuem enviando as vibrações e a bênção dos santos e das entidades e das cartas e dos astros. fechem os olhos e pensem em mim. e me enxerguem num cristal onde caiba um terço ou papel de carta ou um cheiro. eu acredito nas coisas que chegam e que são coisas de querer bem.

perdi meu corpo

subimos lentamente pela escada. estava escuro, mas você tinha levado velas. nunca soube amar tanto alguém. eu sempre amei colocando numa tela, num vídeo, num tubo de ensaio, mas naquele dia eu sentia vontade de chorar só de olhar para você. eu sentia que viveria sempre subindo as escadas subindo as escadas subindo as escadas subindo as escadas e chegaríamos ao último andar depois de trinta anos subindo e pularíamos juntos de lá, movidos pelo ópio que decidimos enfiar na gente pra fingir asas.

chegamos num andar tal. no meio do prédio. você levou um edredom e colocou no chão. você disse um milhão de vezes que eu era linda. você disse um milhão de vezes que me amava. eu sentia que você me amava para sempre. era verdade. eu sentia tanto. estava nua e você também. senti que poderia morrer de tanta pele. muita pele.

deitamos. você começou a me beijar e tinha um hálito de manhãs lilases. você cheirou meu corpo em busca de mim. eu deixei.

>>

adorando estar. adorando deixar. gostando de ver você me amar. sem s

(fui interrompida. perdi o pensamento e este texto morreu jovem, virgem e nostálgico.)

cuide-me como a uma orquídea

eu contei baixinho da dor de não me habitar.
e de não conseguir sentir direito nada
nem mesmo diante de todas as forças
lindas do amor e da natureza. contei que
não conseguia beijar. nem me despir na
sua frente sem sentir que estava sendo
violentada. contei que era isso o que eu
podia dar naquele momento. que era algo
meio invisível meio cortante. meio frio, mas
profundamente denso. disse que poderia
partir se quisesse. que tinha escolha.
que era sua escolha. e que deve haver por aí
um punhado de pessoas prontas e esperando
pelas suas mãos, seu corpo, seu sexo.

você me abraçou e ficou com medo de me
tocar e me ferir. eu virei um papel muito
fino, uma película, uma pétala. você
acariciando de leve meu corpo, tocou-me
espantosa e oceanamente. como quem
alcança um poço fundo de água soprando o
solo. como quem cava não pela força, mas
pela permissão. o solo abre-se à delicadeza.
não precisa cavoucar. o solo dá-se. entrega-
-se. você veio com esse arzinho, eu, pétala,
me abri para receber tudo tudo tudo tudo

>>

>>

tudo. pude me levantar e olhar de novo para seus olhos de amor e cuidado. pude me despir em uma pele translúcida e cheia de penugem. uma pele que escorrega as gotas d'água, mas bebe uma ou duas.

cuide-me como a uma orquídea. estou com raízes aéreas. dei uma flor neste ano. uma apenas. essa flor quer ser olhada em suas minúsculas estruturas e cores. essa flor quer ser deixada na terra. não me arranque. não me ponha num centro de mesa para enfeitar jantares e cafés. eu estou em folhas verdes amarelas, aberta. cuide-me como a uma orquídea. olhe devagar e demoradamente cada sulco e cada traço. olhe. investigue que mesmo a parte mais lisa da flor é rugosa e tem rios de levar água amor para as pontas. se você me apertar agora, eu morro. cuide--me como quem está por um triz. aberta em ferida alvo coração espaço disponível para ser penetrada, mas com medo. tanto medo que é preciso saber que tudo me corta, me perfura e me atinge os espacinhos mais secretos. estou aberta em flor, mas não saberia viver se me rasgasse de tanto desejo. você pode deixar ar esse desejo?

>>

>>

deixar música? me ninar e regar a conta-
-gotas pela manhã cedo? você pode?

a flor cai. levanta-se uma vez por ano.
no máximo. quem cuida bem de orquídeas
diz que vale a pena esperar.

aqui em casa, todas morrem.

não me vejo em órgãos, mas em fumaças coloridas

sempre fui arrebatada pelos mistérios.
nunca foi bom isso. se em algum filme de ficção científica aparecia o ano 2456, eu já começava a tremer. eu não estarei aqui.

a história, para trás, não me dá calafrios.
é como se eu estivesse existindo da espera, organizando os elementos, os átomos que formam meu corpo e minha alma. como se esperar é muito menos dolorido do que ir embora da festa.

a partir do momento em que eu existo, passo a adorar essa ideia de ser gente e de usar os sentidos. dos mais evidentes aos mais sutis, move-me a ideia de ser tocada, tocar e agir como um verbo-gente em algo-alguém.

por isso não suporto a ideia do futuro todo acontecendo sem que eu conheça seu cheiro e sua terra. sem que eu deixe algo vibrar tanto que faz cair pedras-palavras num pedaço do tempo.

entre os meus maiores mistérios, estão as minhas miudezas. não sei o que se passa

>>

>>

aqui dentro nem quais são as galáxias que movem o pão que vira açúcar e vira corpo e gasta e começa tudo de novo, como uma órbita. não conheço a cor dos meus líquidos e não tenho os óculos pequeninos de enxergar na escuridão dentro.

o mistério que habita em mim e me levanta da cama para tomar um gole do café ou da vida me deixa tão sem respostas que a ele invento motivos e formas. eu invento temperatura e éticas. na minha imaginação, nada é órgão. tudo é sentir.

na minha imaginação (que é minha ciência-poeta de nascença) nada é muco nem sólido. na minha imaginação, microscópio possível e necessariamente e intencionalmente delirante, sou feita de cores e fumaças. a fumaça pode acontecer de virar água quando o corpo esquenta demais nos amores. mas, na maior parte do tempo, são cores e fumaças em desenhos bonitos que passam pelo céu como nuvens carregando palavras e um pouco de coragem.

não consigo suportar a finitude por não conseguir imaginar não estar aqui dentro

>>

>>

de mim vendo acontecer um espetáculo.
vendo arrepiar os pelos por debaixo da pele.
sentindo que sua voz entrou pela minha
cabeça como um submarino brilhante que
foi morar no meu útero e me faz cosquinhas
à noite. não me reconheço nas estruturas
musculares, mas consigo bem de perto ver
que eu sou feita de bolhas.

essas bolhas todas, juntas, dançando
e formando películas breves, não se
acomodam dentro nunca.

eu quero ver o espetáculo em 2456.
eu não vou ver o espetáculo em 2456.
eu vou ver o espetáculo em 2456?

(palpitação)

meu coração
na ponta dos dedos
encontra o seu
na palma da mão

(paixão?)

sonho: paixão

te vi passar no sonho usando um pano com
pedaços de coisa brilhante.
você me olhou eu entendi vem.

o tempo da decisão acelerou seu passo e você
sumiu numa ladeira na madrugada.
fiquei olhando na porta de algo que, acho, era
um restaurante e eu tinha saído um pouco
pra ver a rua.

lá dentro talvez ainda estivesse sentada
comendo pizza margherita, a vida. a vida
permitida. comestível.

você sumiu.

senti a dor como a ponta mais fina do desejo e
as pernas em estado de ondas trouxeram o
sonho para os pés.

parada, senti escorrer a dor. mas não o desejo.
estou anestesiada, amor, como se houvesse
um dia após a morte em que eu poderei
beber dos meus líquidos proibidos.
como se a vida fosse um dia após o outro e
eu tivesse me colocado para dormir cedo
demais.

>>

cedo demais.
você foi.

decidi acordar para não me apaixonar.
estar apaixonada por você é como viver com
uma agulha atravessando o peito.

tenho medo de me esquecer de mim

esquecer de quem eu queria ser. esquecer que
sou assim aquela que quer olhar e escutar
e sentir pedaços de coisas vida na boca.
esquecer como quem deixa filho na porta
da escola. não por mal, mas por pressa e
trânsito. esquecer lá num cantinho comendo
restos do lanche na beirada do escorregador.

tenho medo de me esquecer do caminho
como quando eu fechava os olhos na praia
e achava que eu iria logo logo desfilar casas
mobiliadas de adulta ou virar sereia.

de me esquecer nas mensagens para os outros.
nas fotos e nas comidas sem gosto.
tenho medo de me esquecer de nem saber
meu número de telefone nem lembrar meu
endereço e me perder em casas não minhas.
de me esquecer costurando e furar o dedo
sem querer e me esquecer de sangrar e de
doer e de dizer ai.

medo de me esquecer num número de cpf ou
de rg ou de código de barras.

medo de me esquecer falando meu nome tanto
que ele perde o sentido.

>>

medo da palavra morte da palavra morta da palavra vazia de mim.

medo de me esquecer em algum lugar cheio de
medo de me esquecer
em algum lugar cheio de
medo de me
esquecer.

convívio

estou acostumada a não saber quem sou.

quando sei, logo assusto.

desespero-me para voltar a não ser nada.

convivo intensamente com muitas.
assim, não crio intimidade com nenhuma.

um mapa
sem o passo
é só um traço

madrugada

asfalto saco de lixo preto violeta pombas
tremem vasos de flores mortas junto com as
latas de milho verde
quebraram algumas garrafas com os tombos
das lixeiras.

a noite ensaca os restos em caminhões e
cheiros.
um homem grita. outro responde.
as ruas carregam as coisas todas em
velocidades diferentes.

a gente asfaltou os rios todos, veja só!
corre água nos concretos.
a gente vive numa fina camada de dureza.
a gente chama de chão o buraco.

sabonete

se ela soubesse que morreria hoje, não teria
guardado os sabonetes cheirosos em forma
de flor de pétala de picolé de fruta para
amanhã.
morreu hoje.
sabonetes cheirosos.
cheiros intocados.
uma gavetinha no banheiro guarda coisas que
não foram.

... vida:

sucessão de

pequenas

despedidas

conto retrato quebrado

rasga ao meio aquela fotografia. papai e
mamãe não são mais.

quebra.

vem que eu te ensino
a caminhar por cima dos cacos.

recolhe.

acolhe.

suspende.

vem que tem criança que vai chegando sem dizer
nada. quietinha criança grita pra ser gente.

só.

criança grita pra ser grande.
gente.

gente grande.

rasga a fotografia.

não tem mais pai.

não tem mais mãe.

criança grita.

hidrografia íntima:

muita coisa acontece entre a raiz e a folha
tenho sede da água do caminho

portal

não importa de onde eu vinha
achei uma porta.
entrei.
meu quarto de criança e eu adulta.
caí de joelhos e chorei chorei chorei e devo
ter gritado.
o quarto estava escuro e eu via pela janela que
chovia. quando dava raio longe sem som só um
flash na janela. um susto na criança acordada.
minha cama estava desarrumada. não tinha
travesseiro.
do lado, a cama da minha irmã.
os móveis embutidos que, hoje eu sei, custam
uma fortuna e minha mãe e meu pai
caprichavam
muito pra gente ter.
olhei e vi um aquário. pensei que precisava me
concentrar para que a memória não sumisse
quando eu acordasse.
levantei-me do chão e como uma desafiadora
de bombas, pé ante pé, percorri o quarto.
carpete! tinha carpete! como eram comuns os
carpetes e agora acho que.
o aquário se iluminava pelos raios na janela e eu
olhei um peixe laranja boiando. lembrei-me de

>>

quando à noite vi o peixe boiando, mas quis
fingir que era sono. sabia que ele estava
morto, mas
quis adiar um pouco a morte.
ali! em cima daquela quina de madeira!
a estante! uma tvzinha muito pequena.
está passando
silvio santos e eu estou vendo escondida.
vendo silvio santos no mudo escondida porque
chove, o peixe morre e eu tenho medo.
minha irmã ao meu lado ainda tem as mãos
gordinhas. dorme. meu pai e minha mãe
também.
acabei sozinha com o silvio no mudo na
tvzinha e eu precisava tanto de.
voltei para o centro do quarto. lado direto,
a janela em luz sim luz não raio; o peixe
laranja
ensinando que a morte boia, silvio santos fala
demais mesmo no mudo, minha irmã não está
mais lá.
tem umas letras de gesso pintadas de lilás
escrevendo o nome dela.
tem um rachado na letra i.
lembrei-me do tempo que eu demorava
em algumas coisas sem sentido. olhava
para aquela

>>

textura porosa como quem investiga o grand
canyon.
ah, como inventei grandezas e sonhei com
todas elas.
agora eu estava ali de novo. tantas grandezas
que eu nunca.
e os sonhos que eu sei que.
voltei a chorar.
quando eu imaginava, não era tão rápido ser
adulta. era devagar. dava tempo de imaginar
direitinho tudo errado. imaginar inventando
um mundo onde as coisas podem ser que.
as letras lilases. eu tinha também um
conjuntinho daqueles. mas quebrou.
tentei colar e
quebrou de novo.
não gostei de ver meu nome quebrado. pelo
menos alguém estava lá para recolher os cacos.
substituí as letras lilases por homens no papel
da revista sem pelos no peito.
eu nunca gostei daqueles homens, mas me
parecia a coisa mais certa a fazer. queria muito
ainda ter as letras lilases. vai ver é por isso que eu
ficava olhando olhando olhando o rachado na
letra i. minha irmã tinha rachado, mas ainda
não tinha quebrado.
tentei chamá-la.

>>

você precisa ver isso! achei nossa casa!

eu ouvia a voz dela.

vem! eu tô aqui. nós tínhamos um peixe!

achei! o carpete! tá aqui. com as letras lilases.
vem!

devo ter gritado alto demais.

acordei.

fotografia – infância em 3 *flashs*

1\.
gosto das minhas fotos de criança.
os olhos. ainda mal domesticados.
não era triste, mas ocupava tempo demais com
a minha imaginação ou com perguntas que
tinham que ficar em silêncio.
os olhos. composição silenciosa, aguda.
sempre tive muito medo de morrer e me sentia
sozinha nesse medo.
era uma coisa muito fora do normal uma
criança que pensasse seriamente nisso.
nessa foto estou arrumada, numa festa, você
vê o vestidinho? um babado na gola, como
marinheira, náufraga. eu estava doente.
eu me lembro muito da sensação de sentir o
choro caminhar com pés de fogo pelo meu
corpo. subindo pelo estômago, tropeçando na
garganta e parando atrás dos olhos. uma
pálpebra qualquer lá dentro, uma pálpebra
aço, parava a maresia.
por dentro, a inundação.
demorava um tempão pra secar.
isso foi ontem.

>>

2.

a criança com medo da morte fica tempo
demais recolhida.
planeja secretamente elixires da vida eterna e
precisa garantir que exista deus e que ele a
salve.
precisa garantir que a luz fique acesa.
e que o sono chegue manso e sem
formigamentos para não ser confundido
com desmaio. ou com mortes súbitas
como a filha da vizinha que foi enterrada de
branco e rosto de susto de
morrer aos 11.
preciso garantir que deus exista! aperto os
olhos no pensamento. gasto muita energia na
testa para deus existir certinho.
essa é a minha primeira comunhão.

uma vez, na catequese, arrisquei dizer que me
achava inteligente. a professora (não sei como
se chama esse cargo de mensageira de deus
para crianças) me deu uma bronca, me
chamando
de arrogante. me proibiu de me achar
inteligente.
ficou mais difícil apertar os olhos para existir
vida após a morte.

>>

precisei achar o atalho até deus, pois fui
desbatizada.
sigo em busca das águas.
isso foi ontem.

3.

acho que aprendi.
você eu gosto de cafuné e de não ter hora pra
dormir rezar.
prefere salgado a doce. mastigo demorado.
eu tenho a vida entre os dentes como um
restinho da delícia.
você quer ser artista, mas não sabe cuidar
do tempo.
não sabe compor o silêncio e se apavora no
escuro do antes.

eu sempre vivo 5 vidas ao mesmo tempo.
exausta, morro a cada vez mais forte.
pensa demais.
faz acontecer coisas maravilhosas quando se
distrai do desejo.
apaixona e desapaixona sem nem virar a
página do caderninho com moranguinho
na capa.
disfarça bem as tristezas.
sente-se sozinha
sinto-me sozinha

>>

passar o dia à toa não entregar a lição de
casa no prazo ocupar seu quarto e trancar a
porta.
(são essas as lições do descanso)
tem insônia e mareja os olhos da noite
cair mansa.
aos ventos fortes tufão dentro da cabeça,
adormece em dores no pescoço.
isso foi ontem
(sempre com saudades de ontem.)

não é normal

não é normal pensar todos os dias que seu prédio
está caindo e sentir as paredes vibrando.
não é normal avisar a filha de 2 anos que
se a mamãe desmaiar é preciso tocar a
campainha da vizinha mais simpática
não é normal achar que se pode ter overdose
com um comprimido de dorflex
não é normal achar que a dor de cabeça é tumor
não é normal achar que não vai conseguir
chegar aos 15 anos aos 21 aos 30 aos 40.
não é normal achar que a letra L que mamãe
pendurou para enfeitar o quarto de criança
cairia na cabeça fatalmente.
não é normal achar que o raio conseguiria
entrar pela janela, deitado, numa invenção da
natureza que por azar caiu bem na sua cama.
não é normal achar que vai perder a cara por
uma mola do pilates que vai arrebentar bem
na sua vez.
não é normal ter medo de tropeçar e cair na
avenida bem embaixo do caminhão.
não é normal não ter medo algum de mudar
de profissão.
não é normal não ter medo de ser assaltada.
não é normal sonhar que está morrendo com

>>

um tiro na barriga e acordar sentindo o calor
viscoso do sangue.
não é normal conseguir avisar durante o
sonho: é só um sonho, não se preocupe.
não é normal gostar tanto de elogio.
não é normal achar todos os meses que está
grávida e, quando menstrua, que perdeu
o bebê.
não é normal torcer para não dar certo
a viagem à europa só para não entrar
num avião.
não é normal achar que estou atrasada para
o sucesso sendo que ainda não tenho
40 anos.
não é normal achar que não faço sucesso.
não é normal não ter sentido medo algum
do parto.
não é normal achar que o carro vai cair no
precipício toda vez que desce a serra.
não é normal esconder fotos da adolescência
embaixo de tantos livros.
não é normal querer ser desejada, mas
não tocada.
não é normal passar a vida imaginando
outra vida.
não é normal doer de saudade da infância
mesmo sabendo de toda a dor.

>>

>>

não é normal lembrar-se de um tempo e sentir
um cheiro ou uma temperatura.
não é normal querer transformar tudo
em palavra.

não deve ser normal.
mas sou eu.

espelhos podem ser inúteis.
espelhos dependem de olhos,
que são meus e me cansam.
tenho a vista cansada de mim.
tenho achado amor melhor do que espelho
para dizer quem sou eu.
então, quando sinto que estou sendo
realmente vista, comovo-me.
é tudo exagerado, eu sei, mas você já
percebeu alguém desvendando seu
mistério?
já teve soluços ao tentar dizer uma mentira,
pois tinha diante de si alguém que saberia
decifrar seus sinais invisíveis?
é inesquecível, amor.
é capaz da gente passar a vida toda
buscando reviver estes instantes.

insisto mais um pouco.
ainda acredito em você.

[do que você faz nascer em mim]

busquei você na faculdade e me deu saudades de ser estudante. de voltar aos dias em que eu andava descalça pelas ruas da cidade universitária e sentia que tinha boca pra abocanhar o mundo.

busquei você na rua interditada da faculdade. foi legal (e triste) a metáfora da interdição. porque estava interditada e porque eu entrei mesmo assim (desculpe, fita zebrada, por ter desobedecido seus frágeis braços de "aqui não"). não são assim as coragens súbitas? você olha bem diante do não, bem no fundo dos olhos do não, e rompe a película?

você chegou e eu estava uma bagunça.
você chegou e você estava uma bagunça.

decidimos comer pizza. brotinho para os dois. cerveja? não. pedimos um suco de laranja natural. dividimos em dois a conta.
como fica leve dividir em dois a conta!

conta! eu conto tudo para você. conta!
você conta tudo para mim. aí é hora da alquimia. você faz magia em mim, me escuta com todo o corpo e devolve: você sempre foi

>>

incendiária, né, li? (estou obcecada por essa afirmação sobre mim.)

a minha magia foi alguma que eu não sei qual é. só sei que te vi sorrir, destravar um pouco os ombros.

aí fui levar você para o metrô. e tinha uma lua no céu. e eu disse: estou me sentindo uma marionete da lua. e falei mais um pouquinho de todas as minhas fases.

e aí a magia maior.

iluminado pela lua e pelo vermelho dos faróis, você disse olhando para a frente: estamos vivos! isso não é demais!? estamos vivos vivendo tudo isso!

(você não tem ideia da semente que plantou em mim! ainda semente, mas já em estado de quase nascer!)

ah, meu bem, estamos vivos!

[lã]

as coisinhas do coração não são listas.
são novelos.

as coisinhas do coração são tarefas de um tear
bem demorado fazedor de coisas às vezes frias.

[sempre tive essa mania de trazer os sonhos para o dia]

ontem sonhei com você e acordei apaixonada.

revi seu rosto, seu corpo e, juro, senti seu cheiro.

acordei pendurada no seu pescoço desejando
a realidade amarga para espantar a menina
tola que sou toda vez que me apaixono.

estranho, pois acho que você vira minha
boneca preferida quando sinto esse
apaixonamento bobo. quero andar com
você para todo canto e quero que você
não reclame de estar pendurada em mim
em silêncio.

minha tolice apaixonada confunde seu nome
com o primeiro beijo. chama para vielas e
festinhas de garagem nosso amor.

sinto saudades de amar você leve, mas sei que
isso dura um ou dois dias. ou um sonho.

[vermelho]

você me vê? caminho vestida de vermelho e
esse tecido grosso e áspero e quente e.

tecido primeiro.

é o tecido que mostro, não por ser o meu
preferido, mas porque é o permitido.

a pele é um tecido. visto essa condenação
justa, não de justiça, mas de aperto.
a distância entre a pele-tecido e o tecido-
-roupa formam um espaço, uma atmosfera.

você me vê? consegue enxergar o entre?
nessa camada de ar, dançam meus desejos.
antes num ritmo frenético, em vigília,
atentos. hoje como uma dança final, uma
pirueta que dura tempo demais para ser dança
e parece mais um cambalear moribundo.
é que estou cansada. mesmo assim, é ali,
nesse espaço entre, que dançam meus desejos.

acho que a alma é também um tecido.
enrugado e patético, amassado dentro do
peito estômago útero intestino cabeça.

uma casca sem fruta.
o amor é a suculência da alma.

>>

e estou seca de amar. esse meu tecido enrugado e bobo, às vezes vem encostar no outro, no tecido pele que se expande, chama todos os meus pelos e eles, desesperados, lançam-se com seus dedinhos finos em busca daquele tecido áspero, aquele vermelho, aquele que você vê.

isso acontece quando você vem dançar comigo e eu fecho os olhos.
isso aconteceu ontem.

ontem é o nome de tudo o que já passou.

sinto saudades, mas ainda sou sua.

[eu cuido de você]

eu cuido de você longe
te visto de maravilhas
te boto cheiro
inspiro e sonho

eu cuido de você dentro
te boto ar te boto vontade

eu cuido de você memória
te boto carinho mãos comidas

eu cuido de você fotografia
te olho demorado
sem deixar escapar nenhum pedacinho

eu cuido de você mania
vou me lembrando dos seus jeitos
suas listas suas implicâncias

eu cuido de você voz
e saio contando por aí nossas histórias

eu cuido de você saudade
porque esse é meu jeito de
cuidar de você, amor.

[velha]

procuro um lugar para ficar velha.
abraços flácidos
sorrisos gastos
risadas enrugadas
cabelos prateados.
velhas.
onde não se olhe para trás atrás da impossível
  juventude passada.
onde olhem para nós à frente em frente
  velhice conquistada.
onde nós, velhas, não queiramos ser como elas
onde elas queiram ser como nós
desatadas
livres

lá, onde a gente pode ser velha,
não queremos ter nenhum minuto a menos
óculos
vestidos
largas
histórias
seios
sexo
líquidas
escorridas

para tomar mais daquele vinho ficamos na
mesa no mundo juntas.
para trocar aquelas letras imagens umas com
as outras.
debruçadas nas palavras nos esquecemos de
contar o tempo.
tempo
templo
corpo:
lugar de se guardar chocolate amoras e
cicatrizes.
lugar que se guarda que se abre janelas portas
que aumentam cinturas diâmetros.
nada fica tanto tempo liso.
nada fica em tão pouco tempo precioso.
o tempo é fazedor de raridade.
procuro um lugar para ser velha.
e para me encontrar com outras velhas e
podermos rir da vida que passa.
que possamos rir dos nossos rostos não
esticados.
vai ter ali nesse riso uma beleza.
dessa beleza faremos nossa juventude.
o que é livre não envelhece.
o que é livre vira história.

conta-me, tempo.

>>

pois eu não te contarei mais.
conta-me.

para que eu passe em paz.

[assombrada]

o que acabei de apagar ali.
aquela palavra discurso aquele outro aquela
mesa aquela infância aquele vai e vem
aquele anda não anda aquela voz trêmula.

assombrada

de um lado aqueles monstros identificados
rotulados já sentenciados aqueles que foram
realmente aqueles que estiveram realmente
que calaram bateram disseram para a menina
que fui que ela era feia linda gostosa quando
ela estava aprendendo a ser gente de novo.
aqueles. aquelas. aquilo tudo já identificado.
voltam vez em quando. canalhas.
no pensamento a ideia de ser maior melhor
mais esperta superior melhor melhor melhor.
na rua ao cruzar com eles digo bom dia boa
tarde boa noite aos monstros. menininha
educada que sou. aversão às confusões aos
embates desgastes sorriso escudo me protege
de ter que causar em alguém alguma dor. finjo
ser minha a dor do outro não porque sou poeta
mas porque sou criada mulher para a dor do
outro ser minha e meu sorriso ser escudo
disfarçado de proteção para mim mas não é

>>

>>

para mim. finjo ser dor mas sou medo.

faltam metáforas quando a dor pulsa.
verdade e poesia são inimigas
ou uma ou outra
medíocre poeta que sou deixo letras virarem essa coisa fluxo
escorro
verdade sem metáfora
cafona
meus poeminhas assombrados por guerreiras decididas aos gritos com palavras emaranhadas de sons gritos de guerra
eu poeminha com vergonha escondido
esconde-esconde
não me ache que aqui está quietinho e escuro e quente

de outro lado estão os que são a força que não sou a decisão que não tomo a viagem que não faço porque tenho medo de voar
assombra viver esperando ser alguém que está logo ali.
a sombra
eu sei que nada disso é real por isso assombra.
um grito um soco uma verdade um embate uma decisão uma poética uma escolha

>>

e eu catando letrinhas no jardim
ridícula
assombra a mulher que não sou porque não
quero assombrar a mulher que não sou
porque não posso

debaixo da cama os mais inofensivos esperam.
voltam vez em quando mas estão em caixas
organizadoras empacotados e eu os abro
quando quero porque também tenho dessa
mania de me assombrar por que quero
verter alguma coisa.
mutilação

mas aqueles outros todos aquelas
impossibilidades gigantescas aquela decisão
que não é nada aquela vida que passa sem
ser nada de verdade aqueles outros que
apontam que abordam que definem que
estruturam sem demora os seus conceitos.
não estão embaixo da cama.
dormem comigo me acordam me reviram me
instigam me provocam.
assombram esse meu mundinho idiota esse
mundo cheio de se se se se se. esse mundo sem
sim sim não não. esse mundo se se se se se.

esconde-esconde

 >>

>>

em cima do muro
reticente
ciclo
espiral
afeto
imagem
textura
corpo
seja
grita
escuta
palpita
define
espera
morte

não encontro palavras para a minha bandeira.
não encontro bandeira para as minhas palavras.
a solidão é infinita.

[logo ali infinito]

a coisa mais terrível de ser triste é saber que a
felicidade está a um passo.
um passo logo ali infinito.

quase.
amanhã.
talvez.

tenho sono.
mas não durmo.
a coisa mais terrível de ter sono e não dormir é
saber que o sono está ali.

do lado.
de dentro.
profundo.
pertinho.
encosta coça areia pálpebras.

nesse espacinho entre o sono e o dormir, mora
o mundo dentro dos meus olhos.

nesse espacinho entre ser feliz e ser triste, mora
o nada fino película fosca opaca que quase
sou eu querendo ser mas não sendo não.

não.

hoje o dia passou.

[acordo]

agora que os delírios esfriaram
serviremos silenciosos os chás
que deixamos na infusão
ganhando corpo cheiro
pra depois da confusão
agora que estamos calmos
serviremos quietos nossos travesseiros
deitaremos sem ruído
colo colchão
agora que sumiu a multidão
ficaremos aqui
eu e você
chamaremos isso de felicidade
dentro do não
(ou podemos chamar de pão)

[que pena]

teve aquele lugar onde eu quis muito que a
gente morasse.
fui pra lá e montei casinha fogãozinho
ninho carinho
cantinho.
estive lá por tanto tempo e foi bom te ver
chegando devagar
chegandinho.
estive lá e acendi lareira pra te esperar
quente quentinha
quietinha.
você chegando, parava vez em quando para
cortar uma
árvore.
eu pensava que era para a nossa lareira.
era não.
era para outra coisa. eu sou míope.
não vi entendi. só sei
que parava e parecia ter um motivo
para parar.
você parava e parecia que era por mim por
nós por um futuro
de silêncio cama caminha caminho de
mãos dadas.
era não.

>>

>>

você parou de novo e eu fiquei olhando
de longe.
corri me perfumar escrever bilhetinho
poeminha textinho
coraçãozinho.
você parou e gritou comigo para que eu fosse
até você.
eu achei que era hora de estar na casinha
construída e fiquei
sem saber pra onde.
você chamou de novo e eu fui.
fui devagar, andando, mas era meio frio e tinha
menos inho
ninho carinho.
era jeito estranho de ser gente grande
que ama.
era jeito seu. eu não sou seu. jeito tem que
ser minha. força
para estar na trilha fria.
eu parei.
você parou.
a casinha está quentinha quietinha lá atrás.
você correu passou por mim entendeu sentiu
talvez tenha
chegado até você o cheiro de bolo quente que
eu estava
assando.

>>

você na nossa casinha me acena da janela.
que bom que você chegou.
que pena que já fui embora.

[fantasma]

eu te amava agora mesmo!
pisquei
um segundo
acho que amor também morre de susto.

[sala de aula]

professora de calmarias
invenção
de alguém que demora quase vida inteira
pra aprender
uma só lição

quem me dera
aprender as coisas que ensino

[lição do amor]

quem me dera
aprender as coisas que ensino

[banquete]

ao receber os convidados
faço com mesa farta
escandalosamente farta
são travessas suculentas que
sirvo em porções generosas
quem sabe assim não percebam
que não estou ali
estou escondida acuada embalada
isopor e plástico filme
refrigerada
estou em outra mesa
talvez em outro país ou século
talvez assim não percebam
que não me ofereço nunca
a não ser a poucos
(tão poucos!)
em porções restritas controladas assépticas
em porções pequenas e
tantas vezes
indigestas

[mordida]

encarei uma colher de sobremesa.
assim, na altura dos olhos, a colher e eu.
escrevo sobre uma colher e mais nada.
eis que apareço, distorcida no convexo da
  colher de costas.
cabe meu rosto inteiro ali.
no convexo.
viro a colher para que ela também me olhe.
agora caibo distorcida no côncavo.
invertida.
servida.
levo a colher à boca na tentativa de engolir-me.
possuir-me, por fim.
inútil.
voltei a ver-me.
voltei.
como posso ser tão pequena e tão infinita?
como posso caber na porção de uma
  impossível mordida?

[espanto]

eu não me acostumo comigo.
não me acostumo com a cara nem com os
gostos.
assusto no espelho.
assusto nas escolhas.
assusto no que penso e no que falo.
como se eu, espantada, me perguntasse:
quer dizer que essa
sou eu?
nem dá tempo de responder e já me assusto
de novo.
me assisto de novo.
essa, então, essa sou eu!
(tem um movimento nisso.
nesse nunca se acostumar. vertigem miopia
fim de dia. quase
enxergar cansa um tanto.)
tenho vontade de ler sobre mim em algum
livro. descobrir-me verbete. ler-me. corrigir-
-me no que sou escrita e
definitiva. alinhar-me.
mas não há verbete nem dicionário para quem
ainda está em
ciclos-células. dicionário é obituário. e estou
tão viva que

>>

me assombro.
tenho que me conformar com imagens
refletidas e inexatas.
tenho que me conformar com o movimento e
com o espanto.

todos os dias
eu me repito
diferente

[pontilhado]

quem não queria ter vindo e está
é metade ausência
quem disse que viria e não veio
é ausência em dobro
é promessa não cumprida
contorno
desenho de abandono

(você oco ocupa espaço triste aqui.)

[escondida]

tenho vontade de rasgar todos os meus
poeminhas bobos
jogar no lixo
aí acordar de madrugada e
silenciosa resgatar cada pedacinho
aí de madrugada colar cada pedacinho
e ler baixinho
ler e chorar um pouco
tão bobinha
aí dormir e acordar de manhã
e de manhã
rasgar o poema bobo
de novo
de manhã
de amanhã
de novo
como se a luz do dia iluminasse minha
caligrafia
tão bobinha
eu rasgo coisas singelas pra forçar em mim
uma intensidade violenta
aprendi assim
que a gente ganha o mundo no grito
na macheza
aprendi assim

>>

a sufocar o que me é mais profundamente
   forte
a delicadeza
(são tantas mortes que me matam que já
   perdi as contas)

[a peça que falta]

gosto quando você
se revela toda
sobrando só um resquício
do enigma
no qual
pretendo me debruçar
muito e sempre.

[úteros]

estou grávida de duas gestações contínuas
carrego nascimentos diários e impossíveis.

a primeira gravidez é ser mãe. formando
eternamente os órgãos da minha filha existir
inteira íntegra no mundo. parte de tudo o
que sou se dedica a isso cotidianamente.

a segunda gravidez é de histórias. alimento as
palavras até seus transbordamentos. estou
ligada a elas de forma visceral, sanguínea.

a cada nascimento, sinto-me mais fecundada.
acho que a vida está grávida de mim
e se doa, ocupando os pedaços vazios.

acho que alguma coisa está grávida da
vida etc.

acho que a morte é o parto, porque derruba o
movimento dos vazios.

[não conta pra ninguém]

confissões bobas e cotidianas
exigem coragens avassaladoras:

eu às vezes choro quando me olho no espelho
sinto muitas saudades de ser mais jovem

(será que posso contar esse segredo?)

[relógio bússola marca-passo]

das coisas que eu descubro
poucas fazem mapas
como se as pegadas fossem feitas de não
matéria
como se o chão logo se ocupasse em apagar
vestígios
como se
eu de novo então passeio
intuo trilhas novas caminhos sonoros
galhos gravetos chão terra rachada
acho que já passei por aqui
de novo
caminho sede
de novo por ali riacho
de novo
esses mapas invisíveis de caminhos
já pisados
eu em círculos
eu em ciclos

[anatomia em surto: espetos, dedinhos e palavras]

pés unhas estão sangrando na pontinha.
um gosto de sangue na boca parece tumor
 silencioso, mas é
dente gengiva esquecida.
os olhos vermelhos da lente do fungo do fundo
 da caixinha.
as mãos pelinhas cantinhos comidos.
pescoço que dói pesando cabeça em cima.
ombros que saltam acima querendo fugir
 da parte martelada
pela dor.
coração doeu de verdade ontem.
doeu mesmo. amassou. centrifugou. dormi
 em fuga.
lembrei-me dos coraçõezinhos de galinha
 espetados no metal.
provas de um massacre.
o ventre rebate o sonho do bebê que vira ideia.
ideia não enche barriga de não grávida que
 não sabe se queria que.
o sexo selado resguardado não quer ter prazer
 para não
confundir a dor das outras partes que choram.

>>

é possível chorar pelo dedinho do pé.
o dedinho do pé, imensa fonte de ternura que me senti um
pedacinho pequeno e ridículo de carne salgada curtida em
sal secando toda água sustentando um corpo que cairia se.
a roupa estraga o contato com a pele.
a roupa não sou eu, mas me parece.
parece que eu existo num contorno sintético estampado
pendurado amassado lavado passado vestido passado futuro
sujo centrifugado. como o coração. das galinhas e o meu.
salgados no espeto.
as palavras começaram a aparecer na autópsia dissecação.
como fio sutura costura rasgo. o fio das palavras costura
rasgo.
quando penso pé escrito cada letra vogal consoante acento
plural sou mais pé que pisar naquele lugar de ontem.
quebrei.
estilhacei cacos meus pelo chão.

>>

>>

palavras começaram a varrer migalhas cacos
farinha de
vidro de carne.
palavra!
mesmo que encerre em mim ciclos de
desexistência.
mesmo que renove em mim esperança de vida
estando já
num espeto de churrascaria.
mesmo que me dê a ilusão perigosa da
imortalidade.
no emaranhado anatomia confusa largada
esparramada
ontem senti chão meio sujo com a testa na
parede.
pensar na palavra parede me pôs de pé.
pensar na palavra pé me fez querer dizer sobre
a poeira
brilhante que envolve toda dor.
me quis vir povoar outros futuros mortos.
o amanhã ontem me parecia impossível.
a não ser pela ideia de que outros contornos
corpos poeiras
poderiam precisar de alguma palavra minha
por eu ter quase

>>

alcançado o nome daquilo que amassa a gente
derruba fere
soca.
por eu quase pegar hoje levanto e já é possível
combinar

letrinhas e formar palavras e combinar
palavras e formar
sentidos e combinar sentidos e formar
sentimentos.
a cada palavra escrita um desenho na mente
contorna corpo
dos pés à cabeça.
a cada letra um passo um ponto um arremate
um rasgo
menor.
a cada letra um fio secreto agudo invisível
costura-me.
sigo em pé. os dentes hoje mordem corações
de ontem.
entredentes sorrio.
sorrio escrevo.
para ter fim as coisas precisam voltar a ser
letra.
todo poema é um epitáfio

[coração pássaro morto]

hoje sonhei que paria meu coração
aquele órgão pulsante sangue
aquela imensidão.

eu o acomodava em minhas mãos como um
pássaro morto
e eu
guardava na gaveta
da cômoda
do meu quarto
de menina.

aquele coração pássaro morto.

eu queria que a gente corte que a gente
cirurgia que você me sangrasse que eu
cicatriz que a gente escorresse que eu.

pausa

eu queria que eu quente que a gente bicho
oferenda altar

que eu tecido eu queria que eu cabelo que eu
pele que eu.

você você você você você
você você você você você
você você você você você

>>

>>

até você perder sentido
na letra
quatro só
quarto
você só
guardo
você
só
você

(tão só você. desculpe virar você
palavra. desculpe. te fazer tão só
palavra. desculpe)

eu quero que a gente
não assepsia
não ponto
não band-aid
não estanca.

por favor, enviem agora
todas aquelas cartas de
amor que um dia me disseram que
eu merecia
que eu senti que merecia
todas aquelas cartas
me enviem
por favor

>>

>>

pois hoje guardei um coração pássaro morto
  na gaveta

hoje eu

(nenhuma de nós é
melhor do que
nenhuma de nós.
nenhuma)

hoje eu.

por favor

[íntima]

ando obcecada com essa palavra
palavra que é linda em primeiro
que é funda infinito
repara que
ao dizê-la
a gente se move língua corpo inteira
repara que sílaba lábios dentes
é assim
como cair num túnel

ÍN escorrega
TI estilhaça
MA esparrama

a gente esparrama cacos líquidos onde a gente
não se corta
a gente se nada se reflete se lava
a gente se quebra líquida
líquida e quente

quente e elástica
líquida e sem volta

a gente se costura linha
a gente se costura língua

líquida e sem medo

>>

a gente se sabe mundo

íntima quando me afogo doce e renasço
íntima quando me viajo corpo espaço

pequeno manual de
como me amar:

rasgue o manual
e me ame